AF371181

PAROLES PRONONCÉES

AUX OBSÈQUES

DE

M. J.-A. ROGER

Directeur du théâtre du Vaudeville,
Membre du Comité de l'Association des artistes dramatiques.

PARIS

TYPOGRAPHIE A. HENNUYER

RUE D'ARCET, 7

1879

PAROLES PRONONCÉES

PAR

M. RAYMOND DESLANDES

Directeur du théâtre du Vaudeville.

MESSIEURS,

Ce n'est pas un deuil banal qui nous conduit au
bord de cette tombe, et c'est avec une douloureuse
émotion que je viens, au nom du Vaudeville tout
entier, dire un dernier adieu à l'ami si cher que
nous avons perdu.

Roger n'est pas un de ces hommes qu'on laisse
partir sans regrets, sans déchirements. Tous ceux
qui l'ont connu, tous ceux qui l'ont approché, se sen-
taient attirés vers lui, par la cordialité de ses allures
et l'aménité de son caractère. Il avait une qualité
souveraine, la bonté. Roger était bon, simplement,
sans efforts; il aimait à obliger, il se complaisait à être
agréable, et dans ces fonctions délicates, difficiles, où
l'on se heurte à tant d'intérêts et de susceptibilités, il
apportait une bonne grâce si conciliante, que je
serais surpris qu'il laissât derrière lui l'ombre d'une
rancune ou d'une inimitié.

Sa physionomie reflétait bien son âme, et, à cette
heure suprême, il me semble voir encore ce visage

bienveillant et doux, sourire, à travers les voiles funè-
bres qui le recouvrent. Qui eût pu croire, même il
y a quelques mois, que ce vaillant compagnon de nos
travaux, cet homme si robuste en apparence, si
vivant et si heureux de vivre, portait en lui le germe
d'une de ces maladies implacables qui déconcertent
les efforts de la science et désarment les dévouements
les plus éprouvés?

Hélas! Il fallut bien se rendre à l'évidence! Ces
affections du cœur ont des symptômes menaçants,
qu'on ne saurait méconnaître, et malgré les quelques
heures d'espoir, bien fugitives, qui s'espacent sur le
chemin de cette longue et cruelle maladie, on ne peut
guère conserver longtemps d'illusions sur son triste
dénouement.

Roger a commencé la vie sous d'heureux auspices.
Artiste remarqué à l'Odéon, il eut la bonne fortune
d'épouser une jeune fille charmante, dont les débuts,
à ce même théâtre, avaient fait sensation. C'était, je
crois, dans *la Ciguë*, d'Emile Augier. Les deux jeunes
gens placèrent leurs espérances en commun, et, munis
de ce léger bagage, confiants dans leur étoile, ils se
mirent en route pour le pays des chimères et des
illusions généreuses! La fortune leur sourit. Un
engagement brillant les appela en Russie, et c'est à
Saint-Pétersbourg qu'ils conquirent cette aisance
honorable, cette indépendance qu'avait rêvées l'ambi-
tion de leur jeunesse.

Pendant ce séjour en Russie, qui ne dura pas moins
de quinze ans, dans cette colonie française dont il fai-
sait partie, et qui répandit un si vif éclat sur le théâtre
Michel, Roger, se concilia des amitiés fidèles, qu'il

devait retrouver à Paris quelques années plus tard et dont quelques-unes, les plus chères, lui font aujourd'hui cortège à sa dernière demeure.

A son retour en France, Roger prit la direction du théâtre Cluny, et là, comme s'il eût voulu, dans une première tentative, donner seulement la mesure de ses qualités d'administrateur, au bout d'une année de succès il se retira, croyant que l'heure du repos était déjà venue pour lui. — Il se trompait.

Déshérité de ses occupations familières, isolé du milieu où ses goûts artistiques pouvaient se donner carrière, Roger regretta bientôt cette vie de travail et d'activité, dont il s'était fait un besoin. L'occasion de la reprendre se présenta bientôt.

La Société parisienne cherchait à vendre le Vaudeville ; et grâce à l'amicale intervention de M. Eugène Bertrand, directeur des Variétés, fut fondée, entre Roger, Ernest Bertrand et celui qui vous parle, une association, qui vient de se briser à si courte échéance, et qui, on me permettra de le dire ici, fut un modèle d'union, d'entente cordiale et de loyales sympathies.

• En perdant Roger, nous perdons non seulement une amitié précieuse, mais encore au point de vue des choses du théâtre, le concours d'un jugement droit, d'un esprit clairvoyant, d'une expérience consommée.

Roger avait tout ce qu'il faut pour être heureux : une famille tendrement unie, une épouse aussi remarquable par ses vertus privées que par la distinction de son esprit, deux fils, sa joie et son orgueil ! Il n'avait qu'à se laisser aimer... Il n'avait qu'à se laisser vivre... Dieu ne l'a pas voulu ! et la mort est venue le surprendre au moment peut-être où il allait recueillir les fruits de cette existence honnête, laborieuse et digne !

Etrange destinée que la nôtre ! On travaille, on lutte, on se dépense en efforts courageux, on use ses forces à la tâche... on croit toucher au port... vient un souffle d'orage, la barque sombre, et c'est ici qu'elle vient échouer !...

C'est alors, messieurs, que la foi s'impose, et qu'il faut vraiment croire que la vie n'est qu'un passage, une étape vers des sommets inconnus, où n'atteignent pas les misères humaines, et où *les bons* ont leur place gardée, par la justice et la miséricorde de Dieu.

Au nom de cette famille désolée, au nom des amis, des camarades de Roger, des artistes et des employés du Vaudeville, inclinons-nous devant une si grande douleur. Découvrons-nous devant cette tombe, et pleurons avec ceux qui restent — plus à plaindre que ceux qui s'en vont !

C'est un devoir bien triste que celui de venir parler sur la tombe d'un ami !... Pouvons-nous, cependant, laisser partir celui-ci sans lui donner une parole d'adieu? Nous ne le devons pas ! Car il est de toute loyauté de dire, et de dire bien haut quelle fut la vie honnête et laborieuse de celui qui nous quitte aujourd'hui.

Roger, dès ses débuts, avait le droit de compter sur une belle place au théâtre. Elève du Conservatoire, où il entra en 1842, il obtint un second prix de comédie en 1843, puis un premier en 1844. Il fut immédiatement engagé à l'Odéon, où il tint avec un grand succès l'emploi des financiers. Il fit, en outre, plusieurs créations des plus heureuses, parmi lesquelles il faut citer celles de *Diogène*, des *Femmes fortes*, les *Filles sans dot*, *Agnès de Méranie*, etc., etc. De là Alexandre Dumas l'appelle à son théâtre Historique (le vrai), où il lui confie le rôle si original du Capitaine Roquefinette, qu'il joue avec tant de brio et qui marque sa place au premier rang. Nous le voyons ensuite au théâtre du Gymnase dans *les Cœurs d'Or* et *l'Oncle Tom*, où il serait bien certainement resté le pensionnaire de M. Montigny, si les hasards de sa vie théâtrale n'eussent attiré ses regards vers les offres d'un brillant engagement pour l'étranger... pour la Russie. — Oui, c'est là, c'est dans ce pays où le souverain, les princes et le peuple se montrent si affables pour les nôtres, que Roger a passé les plus belles et les plus fortes années de sa carrière dramatique. Après quinze ans de cet exil volontaire, il nous revient, un peu fatigué peut-être, mais trop jeune encore pour songer à un repos complet. C'est alors que nous le voyons faire sa rentrée à l'Odéon dans *les Créanciers du Bonheur*. Il reparaît ensuite dans plusieurs de ses bons rôles du répertoire ; et enfin, il prend la direction du théâtre Cluny. Mais ce théâtre, sans doute, a des ressources trop restreintes. Roger voit plus grand ! Il cède à un autre ce théâtre, et il attend. — L'attente ne fut pas de longue durée, car bientôt se présenta la combinaison du Vaudeville. Roger fit partie du triumvirat qui allait remettre à flot ce théâtre depuis longtemps délaissé. Mais, hélas ! quand tout marchait à souhait, quand il voyait enfin son labeur récompensé, la maladie, l'affreuse maladie était là qui veillait... Elle appela la mort, et la mort nous le ravit. A propos de cette mort prématurée, j'ai gardé pour la fin une anecdote de la vie de Roger ; elle est peu connue peut-être, et il est juste qu'elle soit mise au grand jour. Quand notre dernière guerre fut déclarée, au risque de voir son engagement cassé en Russie, il refusa de quitter la France, il resta parmi nous, il fut enfermé comme nous dans Paris, comme nous il monta

sa garde et s'en alla passer les nuits aux remparts.
Qui sait si ce n'est pas à cette époque où tout man-
quait, le pain, le bois; à cette époque, où l'esprit sur-
tout était si attristé, que Roger prit, comme tant
d'autres, le germe de la maladie qui nous l'enlève
aujourd'hui? Si cela était ainsi, messieurs, nous n'au-
rions pas seulement à pleurer et à regretter l'artiste
de mérite, l'époux le plus digne, le modèle des pères,
l'ami le plus parfait, mais encore le patriote.

. . . .

Adieu, Roger, mon vieux camarade ; adieu au nom
de la grande famille des artistes dramatiques, qui te
remercie de lui léguer une existence si laborieusement
écoulée et si pleine de droiture; elle est un exemple
pour nous, les présents ! elle sera un enseignement
pour nos générations futures !

Merci encore, et adieu !

Paris. — Typographie A. Hennuyer, rue d'Arcet, 7.